진 앙

진 앙

1판 1쇄 | 2006년 10월 2일

지 은 이 | 이순미
펴 낸 이 | 손형국
펴 낸 곳 | (주)에세이
출판등록 | 2004. 12. 1(제395-2004-00099호)

주 소 | 412-791 경기도 고양시 화전동200-1 한국항공대학교 중소벤처육성지원센터 409호
홈페이지 | www.essay.co.kr
전화번호 | (02)3159-9638~40
팩 스 | (02)3159-9637

ISBN 89-6023-070-7 03810

진양

이순미 시집

ESSAY

펴내는 글

시편들의 밀담

함께해준 시편들에게 따듯한 집을 지어주려는 지금, 창을 통해 가을 햇볕이 제 등을 따습게 내리쬐고 있습니다. 해가 더할수록 따듯한 것이 그립네요.

제 시들이 누구에겐가 한줄기 따듯한 가을 햇살만큼이라도 잠시나마 체온을 데워줄 수 있다면….

어느 철학자가 그랬다던가요,

제발 내 등을 내리쬐는 햇볕을 가리지 말라고,

창 밖으로 들어오는 저 햇살을 방해받지 않고 오

늘 하루는 자유롭고 싶습니다.

시편들이 식구처럼 오글오글 자기네끼리 행복한 밀담을 나눌 것도 같은 이 집(詩集)에서 한동안 겨울잠을 달게 자고도 싶습니다.

사랑하는 가족들에게 감사하다는 말을 전하고 싶습니다.

2006년 어느 가을 날

시인 · 이순미

차례

Ⅰ 장미를 희롱하며

추풍연가(秋風戀歌) / 13
진앙(震央) / 15
나제(裸祭) / 17
기억 / 19
수심가 / 22
별내에서 / 24
결정유자기(結晶釉磁器)* / 26
쓸쓸한 곡예 / 28
쉬바의 춤 / 30
기우제 / 33
여수 율촌 부두에서 / 35
바닷새 / 37
유월(六月) / 39
장미를 희롱하며 / 41
우리는 무엇을 욕망하여야 하는가 / 43
순장 / 45
사과를 고르는 여인 / 47

Ⅱ 뮤즈의 저울

신성한 육즙 / 51
사람 인(人)자를 보다가 / 53
달항아리* / 55
나는 바다의 것이었습니다 / 57
소록도에서 / 60
달래를 캐며 / 62
의식의 저편 / 64
화인(火印) / 66
아름다운 아리아 / 68
박물관 / 70
사랑한다는 것은 / 72
견우 / 74
뮤즈의 저울 / 76
사랑이 아름다울 때 / 77
향일암 / 78
겨울 강(江) / 80

Ⅲ 느쩍한 하루

여자(女子) / 85
느쩍한 하루 / 87
녹음방초승화시(綠陰芳草勝華時)* / 89
저기 누군가가 / 91
섬, 문(門) / 93
오래된 봉화(烽火) / 95
겨울 숲에서 / 97
적(敵) / 99
탈출기 / 101
부부 / 103
천새 / 105
거울과 창 / 107
그제서야 / 109
베란다에서 / 111
산 / 113
정가(鄭家)돈가스 / 115
금줄 / 117

Ⅳ 작은 새는 어디로 갔을까

포르투나 / 123
금강산 / 126
고향 / 129
유리병 / 131
선암사에서 / 133
신독 / 135
학살 / 136
천부인권 / 137
시조 / 139
작은 새는 어디로 갔을까 / 141
유배 / 143
산자를 위한 레퀴엠이 울리는 그 곳 / 144
나의 꿈에 부활한 네가 / 146
천륜 / 149
각뿌연 / 152
가을, 국도 / 154

I 장미를 희롱하며

추풍연가(秋風戀歌)
진앙(震央)
나제(裸祭)
기억
수심가
별내에서
결정유자기(結晶釉磁器)*
쓸쓸한 곡예
쉬바의 춤
기우제
여수 율촌 부두에서
바다새
유월(六月)
장미를 희롱하며
우리는 무엇을 욕망하여야 하는가
순장
사과를 고르는 여인

추풍연가(秋風戀歌)

고개를 젖혀 하늘을 바라보네
뒷짐을 지고서
낙엽이 우수수 떨어지는 나무에 등을 대고서 하염
없이 바라보네

높아서

외롭고

외로워서

시린 하늘,

높아서

쓸쓸하고

그러니까, 하늘을 바라보네

언제부터인가 내 몸에 샘이 하나 들어있는 것을 알았네
물관처럼, 중심(中心)에서 하늘을 바라보는 내 눈까지 물이 가득하네
숨어있는 별들이 한 되의 육사리(肉舍利)처럼 쏟아져 내려
내 몸을 씻기네
그래, 나는 살아있구나
내 세포마다 푸른 숨을 쉬네
태양의 눈썹이 살점들을 간질이네
바람이 내 살점들을 닦아주네

만장같은 낙엽이 우수수 떨어지네

진앙(震央)

서해 바다에서 보았지
육감(肉感)으로 알았는지 물때를 이 사악한 인간보다 먼저 알아채고
땅 밑으로 서둘러 자리를 피해가는 신(神)의 새끼들
땅거미 깔리는 하늘 저쪽이 아름다웠어
신도 때론 가슴이 그렇게 거뭇하게 서운하고 아리기도 한 게야
니가타현에는 팔십 년만의 대지진으로
신간센이 철로를 이탈했다던데
무엔가 이 둥근 지구도 몸으로 할 말이 많았던 게야
왜
왜 이리 가슴이 두근거릴까
아직은 사악해서 내가 서둘러 피해갈 자리 내 몸피로는 느낄 수 없네
지금 어디 천문(天門)이 열리고 눈물겨운 사람 하나
이 세상에 우렁차게 나오려나
왜 이리 가슴이 뛰나
이럴 때는 푸른 녹이 슨 청동거울 들여다보듯

나의 얼굴을 물끄러미 바라보기도 하는데
땅거미 깔리는 바다를 바라보듯 말이지
얼이 깃들어 있어서 얼골이라고
아이들에게 누누이 이르곤 했었는데
나의 얼골은 어여쁜가, 그렇지 않은가
천둥이 친다
가슴에 먹구름 인다
얼골 깊이 심어놓은 촛불 심지
바람결에 아프다
이렇게 내 혼(魂)은 몸으로 할 말이 많은 게야
니가타현의 진앙(震央)은 지구 어디 많이 서러운
어느 누구의 혼일지 몰라
진앙으로 울리는 내 혼은 차마 어여쁜 얼골, 이었
구나

나제(裸祭)

대설지나 된비에 죄다
잎 떨군 나무, 피뢰침처럼 떨고 있네
나 어리석어
무명(無明)의 연유로
……
촉(觸)
·
수(受)
·
애(愛)
·
취(取)
……
나 마디마디 끊지 못하고 해골 같은 눈으로 하늘만
바라보곤 했네
……
뇌(惱)
……

고(苦)*

……

일 년은 열두 달,

생(生)과 사(死)를 하늘과 땅처럼 사이에 두고
밤하늘,
여기저기 누가 던졌는지 모를
부메랑처럼 날아다니는 붉은 네온 십자가를
영혼의 고향으로 가는 징검다리마냥 바라보았었네

신(神)이 하늘의 눈을 열어 핏발 세우는 밤

어리석고 마음 여린 짐승은
십자가의 네온 불빛도 꺼지고 나도 십자가도 피뢰침처럼,
나신(裸身)으로 아— 아— 제의(祭儀)를 치르네

*불교의 연기설(緣起說)

기억

1

– 철 지난 가을 모기가 독(毒)한 침으로 존재를 호소한다 모기는 죽었으나 사나흘 신열로 고생하며 중이(中耳)의 협곡에 앉아 홀로세의 나는 살아서 수억만 년 전 빙하기의 바람이 우는 소리 듣는다 –

2

– 곰팡내 나는 외딴 곳에 늘 앓고 계신, 꿈 속 아버지는 늘 외로우시더니 육탈(肉脫) 못하고 수십 년을 기다려온 그는 형상 그대로 축축하게 말라있었네 화장(火葬) 후 사나흘 헛헛한 마음자리, 난 외로운 짐승처럼 잔뜩 웅크린 살갗에 가시를 돋우었고 –

산다는 것,
흙이 흙을 먹고
흙이 흙을 부둥켜안고
뜨끈뜨끈한 것은 살덩이 하나 빚어놓고
마른 흙이 되어가는 것, 아닌가

때로 천기(天氣)를 움직여
비를 부르고 달을 부르고 해를 부르며
찰지게 뭉쳐 있다가
바람에 타넘어 온 씨앗 하나 품고 천년(天年)을, 천년(千年)을 살아가는 것, 아닌가
우리를 휘휘 두른 이 띠 좀 봐, 찰진 영혼의 띠
그러다가 어느 날
낯설어진다면
그 모오든 것이 낯 · 설 · 어 · 진 · 다 · 면,
내가 그리운 흙 한 덩이 오롯이 그리운 바람을 울고 있을지도 모를 일이다
내가 죽은 마른 흙 한 줌, 가득한 그리움으로
여느 씨앗 하나 불러 달 부풀 듯 달고 향그러운 열매로
네 말랑한 혀나 위장의 안쪽 어느 살과 섞어진다면, 섞어진다면

일렬로 늘어선 고된 플라타너스 등을 쓰윽 긁어주며

손을 흔들고 지나가는 추풍(秋風)

홧홧하게 달아오른 심장을 달고 있는 추목(秋木)

깊은 그리움이 가을을 부르는 것, 아닌가

수심가

1

운무에 가리워진 가리왕산에서 겨울 자작나무를 보았네
빵 한 조각으로 끼니를 때우며 삼삼오오 이국땅을 서성대던
러시아 노동자처럼, 겨울 자작나무는 그렇게 서 있었네
비가 오려나 눈이 오려나 억수장마 지려나*
정선아리랑은 만가(輓歌)처럼
혁명의 시대를 살다간 생명들을 장사지내고
아우라지는 아우라지는 강물처럼, 아리랑 아리랑
아우라지는 아우라지는 운해처럼, 아라리요
가수리 따라 흐르는 동강의 겨울 원앙아
날 보고 놀라지 마라
무대도 완벽한 시나리오도 없는 몽상가 일뿐
하지만 네 아름다움에 강물 위로 내 넋 하나 아우라지겠네

2

화암동굴에서 숨 쉬는 어미의 자궁을 보고 말았네
자궁벽을 흐르는 생명의 피는 마리아로 붓다로 살아나고
수 천 년 손톱만큼씩 자라 만남의 정한을 이룬 석주의 주름다마
그리움을 울던 눈물고름들이 흐르고 있었네
비가 오려나 눈이 오려나 억수장마 지려나
억겁의 아름다운 비가(悲歌)들이
혁명의 시대에 헤어진
혁명의 시대와 헤어진 이들을 달래고는
아리랑 아리랑 아라리요
그리운 맘은 남근석 하나 우뚝하니 모셔놓고 있었네

*정선아리랑 수심 편

별내에서

어기가 별내라네요
그래, 은하(銀河)구나
어제 장생포에는 밍크고래가 좌초된 채로
뭍으로 올라왔다네요
자꾸 젖이 흘러요
아기 고래에게 젖을 먹이네
저기 저 바다를 가르며
흰 파도 파도를 만드는 고래 떼,
저기 저 은하수를 봐
우리의 혼(魂)이 저곳에선 자유롭구나
우리가 새겨 넣은 암각화 앞에서
먼 훗날 사람들은
자신들이 던진 작살에
피 흘리던 시인(詩人)을 그리워할 테지
비릿한 육향(肉香)을 음미하며
단단한 등뼈의 마디를 세며
슬픔에 대해 이야기할 거야
별불가시리를 머리에 꽂으며

밍크고래 속삭이네
그래도,
배꽃 내리는 우리의 별내*는 여전히 아름다워요

*경기도 남양주 별내면의 지명

결정유자기(結晶釉磁器)*

꽃들은 왜 아름다워요

저 산을 봐, 지유(地乳)

드렁칡처럼 뜨거운 날
수천 도 장작가마에서 타악–탁 소리를 내며
질그릇 같던 당신 청잣빛으로 그윽해지는 옆에서
난 결정유자기(結晶釉磁器)처럼 꽃을 피워내고 있었네

꽃은 왜 아름다워요

네가 꽃이야

저기 눈이 내려요
보고싶어요 북쪽에는 시루떡눈이 내린다네요
시루에 켜켜이 얹힌 쌀가루처럼 그렇게요

그래, 하늘에서 아가들 우리 아가들이 오시는구나

중심(中心)에서 산국이 피고 오래된 칡꽃이 피어
꽃눈 부르는 뜨거운 가마에서
난 오래도록 오래도록 그윽했었네

*결정유자기-고열의 불 속에서 저절로 꽃이 핀 도자기

쓸쓸한 곡예

– 어느 여름날, 장봉도로 가는 여객선 뱃부리에서
날쌔게 새우깡을 받아먹는
쓸쓸한 장봉도 갈매기의 영혼을 보고 말았다 –

매운 채찍 후려갈겨 말 달리던
북방(北方)의 사람아
쑥 한 심지와 마늘 스무 개로
백 날 동안의 햇빛을 거부한 웅녀(熊女)야

이제, 후손은 육신을 흔들며
새우깡 갈매기처럼 쓸쓸한 곡예에 힘을 발산하였다

중력에 값싸게 저항하는 비루한 날갯 짓을 하고
던져지는 새우깡을 탐하는
이렇게 삶이 부끄러운 날
갯벌의 폐색은 더욱 짙어가고

나의 젊은 날
한번쯤은
바이칼의 푸른 눈빛이었으면 좋겠네
나의 자궁(子宮)은 황토의 온기를 가진 것이어서
다친 것들 겨울잠을 재우기도 하겠네

그러다가
가을이 오고 겨울이 오고

부끄러운 마음이
서녘하늘을 붉게 물들이면
낙엽 한 잎처럼
갈 지(之)자로, 말없이
중력에 순응하겠네
피곤한 육신을 땅에 뉘이겠네

쉬바의 춤

– 독감으로 기력을 잃고 떨어지는 낙엽의 언어에
눈 맞추고 있는 그때 멀리
한 여인이 환히 보였는데 –

온몸으로 팔을 휘저으며 베란다
통유리창을 닦는
쉬바신의 팔 동작으로 제의(祭儀)를 치르는
정월 한기(寒氣) 속의 저 여인

혼인색을 하고 모천을 찾아
강물을 거스르는 연어처럼
쉬어갈 만한 섬도 없는 바다를 나르며
태풍과 싸우는 철새처럼, 저기 저 여인

두 손
두 발
바람의 소용돌이를 일으키는 춤사위를 추어봐

웨-이-브, 웨-이-브으

너는 우주의 축,

팽이처럼 꼿꼿하게
그렇게 의연하게 한 세상
때론 처절하지만

너의 살점을 이룬
수많은 것들의 불꽃을 빼앗고
약해진다는 것
중심을 잃는다는 것
뿌리가 흔들린다는 것은
한없이 죄 되는 일
원시의 조상
부싯돌로 삶의 불꽃을 키우듯
불나비처럼 뜨거운 네 춤사위가
어느 별에선가

따듯하고 환한 빛으로
생명을 키워내지 않겠니

봐, 축하 케잌 위에 촛불을 켜듯
네가 딛고 일어서야 할 지상에 지금 일제히 점등되는 가로등
너를 위한 축제가 열리는 지상의 밤
지구호를 타고 항해하는 네 영혼

때론 삶이 처절한 싸움이지만

웨-이-브, 웨-이-브으*

*재즈댄스의 춤동작 중 하나

기우제

– 신사년에 백 년만이라는 심한 가뭄이 있었고 나는 어느 날 꿈을 꾸었다 –

불타는 지평선
제발, 내 혀에 한 방울의 물을
갈라진 내 혓바닥에 한 방울의 물을
맥없이 늘어진 육신들
– 백 년만의 가아무ㅁ이외다 –

나는 제사장이 되어 번제로 드릴 동자 하나 석마(石馬)에 태우고
지열이 피우는 아지랑이 가득한 동편 밤하늘에서
휘모리 장단으로 말을 달리며 기우제를 지낸다

아흐, 하늘에 수만의 핏빛 회오리
제문(祭文)이 찢어지고, 심은 대로 거두라–화(禍) 있을진저

나는 집도의가 되어 드러누운 무의식에 메스를 들어
트라우마를 건져 올린다 무의식의 심연에서
끝도 없이 올라오는
화기(火氣)의 트라우마*

뒤이어 하늘로 퍼지는 망자들의 영혼이 탄 석마(石馬)들의 말발굽소리
늘어진 육신들의 명치에서 울리는 화(和)의 곡성
하늘을 찌르고
석마에 동자를 앞세운 제사장의 눈물이 대지에 강을 이룰 즈음

아, 망자들의 갈채처럼 비가, 비가 내린다.

여수 율촌 부두에서

'삶의 목표와 가치' 라는 단원을 수업하다
인간은 동물과 다르다느니 삶의 목적이 어떻다느니 설명하다가
이내 내던져진 기분
그래, 주변에 널브러진 슬픈 둥지에 슬픈 육체를 갖고 태어나
비관을 밥 먹듯이 먹고살아야 하는 내 이웃은
삶의 목표 하나 실하게 만들어서 달려가다가도
삶을 운운하기엔 차마 죄스러워 혼란스러운 오늘!

그래서
칸트는 사후의 영혼불멸을 이야기했을까
간난(艱難)한 이들의 천국에서의 편안한 안식을 위해 神을 요청했을까

남도의 끝자락 여수 율촌의 부둣가를 걷는다

신(神)앞에서 눈물 흘릴 날을 예비하기 위해 허기진

뱃속을
연거푸 몇 잔의 냉수로 그득그득 채우기도 했던가
내 식의 성찬(聖餐)이 필요했던 밤은
여기 만조의 남도 밤바다가 그득그득 출렁인다
땅 끝은 때로 이렇게 숨이 턱에 닿을 듯 애틋하였구나
이렇게 애틋하였구나

아, 달빛에 출렁거리는 여수 밤바다는
산부인과병실 초음파 모니터에서 보던 부챗살처럼
펼쳐진 태내(胎內)의 풍경이,
모국의 생명이 아슬아슬 꿈틀대는구나
그리운 것들을 태에 넣어두고
광포한 하루에 지친 나를 이렇게 위로하는구나

서울에서 여섯 시간이면 닿는 이렇게 작은 내 어머니
가난한 아랫도리
짭조름한 양수 출렁이는 이 소-리

바닷새

카오스에 묻혀버린 새벽의 땅을 떠나
속초의 밤바다

늘 바다의 사이렌이
천상의 소리로 들려오기도 했던 불면의 밤들
바다가 그리워질수록
나의 바닷새
눈은 더욱 푸르게 멍들어 갔다

하나
둘
흩어진 깃털은 눈발이 되어
계절은 늘 눈 내리는 겨울이었고

그리움에
깃털마저 검게 변해버린
바닷새, 내 가슴에 화석이 되어
시조새처럼

해변 모래 위의 폐선(廢船)처럼
잿빛 눈이 내리는
나의 겨울 바다를 지키고 있었다

마음의 상처도
따듯하게 아무는 오늘
세월은 이렇게 흐르는가
나의 바다는 어느덧
밤이어도
오징엇배 어화(漁火), 어화(漁花)로 따듯하게 지핀
7월의 속초 바다이었구나

나의 바닷새는
불편한 빙하의 잠을 깨고
새벽의 땅을 향해
따듯하고 조용한 날갯짓을 한다

유월(六月)

치악산 깊은 곳에서 보았습니다
유월(六月)의 나비가 은빛 나비 떼가 계곡에서 솟
구쳐
날아오르는 것을
육사리(肉舍利)처럼
계곡에서 깊은 노송 하나 이 생(生)의 강을 넘어선
것이 보입니다

외로운 산짐승 하나 토담 밑까지 내려와
우우-우우-
우리를 부릅니다

맵싸한 연기를 피우며
한 끼 저녁 땔거리를 위해 숯이 되어가는
마른 나뭇가지
타악-탁- 숯으로 사위어가는 불빛이
평화롭고 따듯하고 아름다웠습니다
타버린 재가 은빛 나비처럼 날아올랐습니다

매운 눈에서 물이 납니다
생의 경계를 넘어가는 장엄 앞에서는
눈이 적당히 매워야 하는 것도 이치일 것 같습니다

그날 밤
나는 알았습니다
거대한 당신과 합(合)하는
몸 깊은 곳에서
금(金)샘 하나 솟구치는 것을
언젠가 금빛 해를 해산할 것을 압니다

유월(六月) 깊은 밤
수만의 뭇 별들이 가까이 내려와 주었습니다
어느 깊은 생의 육사리처럼
은빛 나비 떼처럼.

장미를 희롱하며

사방이 거울인 내 방안에서
검붉은 장미 한 송이 거꾸로 매달아놓고
너를 희롱한다

저마다 나를 낯설게 비추는 거울 앞에서

신(神)의 계략으로
나를 모르는 나는
당황스러운데

파충류의 겹눈처럼
너를 모으고 모아도 나는 없구나

검붉은 옷자락을 헤치며 너를 희롱한다

우주 같은 네 씨방, 깊은 곳에 잠들고 싶어
한 잎 또 한 잎
검은 옷을 벗긴다

너의 은밀한 음순을 더듬는다

사방이 거울인 내 방에서 거꾸로 지는
시들어서 더 향기나는 육체여

나를 볼 수 없구나
(네 안에서 거꾸로 섰던 때가 있었는데)

우리는 무엇을 욕망하여야 하는가

하늘에서는 축포가 터지고
모두가 즐거이 모닥불을 지피는 밤
한 발 물러서서
욕망의 다비식을 보아야 했다
검은 밤을 파르르 나는 욕망의 불티
술을 마시지 않았는데도
취기가 불티처럼 날아오른다
그리움에 목이 마르다
입이 마르다
겨울의 고통을 이기고 나면
어김없이 봄이 오는 법(法)을 이미 알고 있지만
겨울은 강도를 더해 고통스럽다
욕망을 버리면 되는데
세상에 마음 길 정하는 것이 이리도 어려운 것인가
모든 것이 그저 헛되다고 느끼면
부유하는 불티처럼 사그라져야 했고
이 땅에서 멀어지고 있는 자신을 고통스러워해야
만 했다

살아남기 위해 무엇을 욕망하여야 하는가
사랑도 삶도 모두가 그대로 있어주지 않을 것이라
는 것을 느꼈을 때
어린 아이처럼 다시 보채게 되었고
자면서도 주먹을 앙당그리고 꼭 쥐게 되었으며
아무 일에나 경기(驚氣)를 일으켰다
살아남기 위해 우리는 무엇을 욕망하여햐 하는가.

순장

– 병가(病暇)라니 생각지도 못한 휴가를 얻어 기게스의 반지*를 주워 낀 것처럼 황망하다 –

어혈 좀 다스려볼까 하여 찜질방에 들어서
게르마늄이니 자수정이니
방들 앞에 망설이다
황토방 문을 열고 들어가
큰대자로 멍석바닥 위에 누우니
천정이며 벽이며
고적하니 석실고분(石室古墳) 같아

그리운 이름
천정 흙벽에
갑골문(胛骨文)처럼 불러 새겨본다

누운 채로 그리운 순장을 생각한다

영혼마저 지극히 아껴하는 이와
두어 평 남짓한 이 방에서
피곤한 육신은 못 다한 마지막 사랑을 나누며
내 좋아하는 청자막사발은
옆에 가지런히 놓아두고
한 줌 흙으로 소복이 남아
분신 같은 금가락지는 옆에서
한 천년 증인처럼 환하게 웃어준다면

사랑을 나눌 때처럼

뜨겁게 몸이 젖는다

*기게스의 반지: 플라톤의 '국가론'에 나오는 기이한 반지. 그 반지를 손가락에 끼고 조금 돌리면 다른 사람의 눈에 보이지 않게 된다.

사과를 고르는 여인

버스를 타고 가다
아주 우연히
리어카에서 사과를 고르는 여인을 보았어
대충 고르지 그놈이 그놈인데
그런데 그 여인은
애써 벌레 먹은 사과만 고르네
한쪽 찌그러지고 벌레 먹어 움푹 팬 사과만 고르는
그 여인
다시 눈을 크게 뜨고 바라보네
저 여인
아, 인생의 가을 같은 저 여인
참 열매 고르는 법을 알고 있었네
내 젖은 눈에서 애벌레 한 마리 기어나오네

Ⅱ 뮤즈의 저울

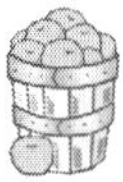

신성한 육즙
사람 인(人)자를 보다가
달항아리*
나는 바다의 것이었습니다.
소록도에서
달래를 캐며
의식의 저편
화인(火印)
아름다운 아리아
박물관
사랑한다는 것은
견우
뮤즈의 저울
사랑이 아름다울 때
향일암
겨울 강(江)

신성한 육즙

신라의 토우, 부부상(夫婦像)
주름치마 위로 둥실 하게 드러난 젖가슴에
내가 벅차오르는데
물동이 이고 가는 조선의 시골아낙네
빛바랜 사진에서도 자랑이었네
윗저고리 치켜 올려 드러낸 젖무덤

신성한 육즙
자기 몸에서 퍼 올린 육즙으로 또 다른 생(生)을 키
우는,

눈물과
땀과
피는
얼마나 신성한 것인가

얼마나 아름다운 노동인가

신성한 육즙이 없으므로
노동이 죽었던
가릴 것이 많던 나는
부끄러웁고
가난하구나

젖가슴 드러낸 아프리카의 여인을
망측하게 바라보던 나는
미개한 것이었구나

젖빛으로 흐르는 강,

유현(幽玄)의 깊은 밤
검은 눈썹 지그시 내려감은
아직은 어린 것들
어머니 품에 안겨
젖을 빠는 소리로 흐르는데.

사람 인(人)자를 보다가

나 종종 꿈인지 생시인지 모를 환몽을 갖고 있네
갓길에 망연히 서있는
일몰이 시작되었는지 서쪽 하늘은 자꾸 어두워지고
서해대교 위에서 그 붉은 해넘이를 만나려 했는데
길을 잘못 들어 인터체인지는 가도 가도 나오질 않고
경부고속도로 가드레일은 끝없이 높기만 하고
담배라도 배웠으면 이럴 때 소지 사르듯 한 개비
피워 물었을 텐데
그저 갓길에 차를 세워놓고 망연히 바라보던 서쪽
하늘, 그립던 사-람

한 세상 살아가는데 사람 인(人)자 하나면 되는데
삼발이처럼도 아니고
낙지 발처럼도 아니고
멋들어진 나란히도 아니고
저렇게 서로에게 기대어 가는 거야
힘드니까 많이 힘드니까 너 없으면 쓰러질 것 같으
니까

네 어깨를 빌려서라도 살고 싶은 거라고,
나 잘난 것처럼 혼자 갈 수도 있겠지만
너와 이렇게 어깨를 기대어 가고 싶다고
사람, 이니까

길을 잘못 들어 늘 애태우던 서해안 고속도로
붉은 해는 곧 질 터인데
경부고속도로 하행선 갓길 위에서 망연히 바라보던
그립던 서쪽 하늘
인생도 세월도 이렇게 인(人)자 하나 제대로 써보지 못하고
소지 사르는 긴 여정일 뿐이네.

달항아리*

달 ㅎ 에 미쳐
달 ㅎ 에 미쳐

허연 허벅지 같은 달을 마시며

기- ㄴ
밤을
얼러져 있었네

한여름 밤의 지열이 훅훅 올라오고
나는 보았네 하늘 비가 번개처럼 내리꽂히는 것을

토담 아래 초롱꽃 여린 고개 숨을 고르고
산사의 풍경(風磬)도 가슴 졸여 바람도 멎던 그 날

짐승처럼
울부짖으며

그날 밤을, 나는 보고 말았네

도공과 사랑을 나누던
유방(乳房)이 달처럼 부풀던
달을 안은
젖빛 고운
조선(朝鮮)의 아낙을.

*달항아리-19세기 무렵에 제작된 한 자 크기의 백자 항아리. 원형에 가깝도록 둥글게 말아올린 모양과 우윳빛 유약이 마치 달을 연상시킨다.

나는 바다의 것이었습니다

1
바다를 만났습니다

파도가 내게 올 때마다
나는 바다의 것이었습니다
파도의 격정이 나의 것이었습니다
파도가 부서질 때
나도 또한 부서지길 원했습니다
파고가 높아 먹구름을 부르며 천지를 요동할 때
나는 행복했습니다

하지만 바다는 완전히 나의 것이지 않았습니다
사백만 리의 달은 무슨 힘으로
바다를 저만치 데려가 버리고
당신의 손톱, 발톱 같은 조개껍질들이 황량한 마음
에 남았습니다
하지만, 내일 바다는 다시 올 것이기에

이 바다를 떠나지 않고
지는 해는 다래끼로 부풉니다

2
오늘도 나는 목련나무 아래서 서성입니다

아라비아 숫자로 하루하루를 세지 않고
이 목련나무 한 그루로 세월을 세고 있습니다
솜털 보송보송한 것이 며칠 전에는 송곳니 같이 피더니
오늘은 내 마음에 환한 지등(紙燈)을 달아놓았습니다
불을 당겨 당신 오시는 험한 길을 밝혀야 겠습니다

인디언은 열두 달을 이렇게 부른답니다
마음 깊은 곳에 머무는 달
홀로 걷는 달
한결같은 것은 아무것도 없는 달

머리맡에 씨앗을 두고 자는 달
들꽃이 시드는 달……
이 삼월을 목련나무 아래를 서성이는 달로 불러야
겠습니다

이제 내일이면 당신의 목련나무엔 많은 파랑새가
다시 잎을 피우며 날갯짓을 할 것입니다만
새처럼 가볍게 날지도 못하는 난
무척이나 어리석은가 봅니다

당신 곁을 맴돌 듯
오늘도 목련나무 아래를 서성입니다

소록도에서

녹동에서 배에 오르자마자
소록도에서 불어오는 눈물 짭조름한 냄새
치료받는 사람이나 치료하는 사람이나
저마다 가슴 저린 사연을 안고 사는 그곳에는
정박한 사람들이 한 솥에서 우려내는 눈물냄새가
난다
농사지은 푸성귀나물조차 사슴에게
반절 이상 빼앗기고도 사슴을 원망하기는커녕
내 먹을 것은 조금은 남겨두어야 하지 않겠느냐며
사슴에게 자꾸 다가가는 외롭고도 따듯한 사람들
사슴을 닮아가는 사람들
이제는 음성이 되어버린 사라진 한센병의 흔적을
마음에 새겨두고 눈까지 멀어 버린 사람들
중앙공원의 한하운의 시비 앞에서
손가락 없는 뭉툭한 주먹으로
노구(老軀)의 그들이 불어대는 하모니카 음은
누적되어 온 폐색(閉塞)의 슬픔, 뜨거운 눈물 냄새
가 난다

겨울에도 푸른 소록도는
우체국 앞 빨간 우체통도
하얀 벽의 교회도
국립소록도병원도
외로워서 흘리는
뜨거운 눈물 냄새가 난다

달래를 캐며

두릅나무 아래
달래를 캐며
보았습니다

이 삼월에도
작년의 낙엽 썩지 않고
해토(解土)하는 대지를 덮어주고 있는 것을

세차게 내리는 비
산비알을 위협할 때도
어깨 맞대고 썩어 문드러지면서도
낙엽들은
곰팡이도 노래기도 지렁이도
키우고 있었습니다

이 땅은
수천 수만의 낙엽의 땅입니다
낙엽들은

킬링필드의 해골처럼 노래합니다

내 육골로
따듯하고 고운 밤을 보내다가
소녀의 이불에서
붉은 목단이 자라는 상쾌한
초경(初經)의 밤이 오듯
한번쯤은
어지러운 세상에
성이 난 빠알간 무당버섯처럼
독이 오른 울음 한번
뜨겁게 울어주어라

의식의 저편

이라크에서 벌어지는 피의 보복전*
이라크 무장집단에 의해 미국인 참수
미군에 의한 이라크포로 성적 학대

울렁거리면서도 적나라한 영상을 확인하기 위한
모니터 앞에서의 꽤 오랜 시간
빼꾸기도 울지 않는 나의 방 암실의 커튼을 치면
보이지 않아서 더욱 선명해지는 의식의 저편,
뇌수에 담가놓은 인화지 한 장 핀셋으로 들어올리면
의식의 저편이 찬연하게 인화되어 올라온다
거기 금단의 밀실엔 테러를 꿈꾸는 불안한 영혼이
살아
알록달록 곰팡이가 핀 밥을 먹고사는
난파된 배에 들어앉아 영웅의 마스크를 하고
마스크를 벗기면
아! 나의 얼굴
노예로 살기보단 해방의 날을

자유를 찾아 망명을 꿈꾸는 나를 만나
서로에게
러브 샷을 들어 위로하고
머리칼을 쓸어
벤자민 오일을 꾹꾹 눌러 바르고 곱게 속삭인다
(이미 해방이야 너를 가두는 건 너일 뿐이라구)

울렁거리는 건 내 안의 살의(殺意)를 들켰기 때문
이다

*오마이뉴스 2004.5.12헤드라인

화인(火印)

한밤중 주무시다 쥐에게 귓불을 물린 아버지
귓불이 불룩하여 은근히 자존심이더니

다음날
여기저기 쥐덫은 놓이고
아버지의 눈빛은 더욱 앙크러지고
마당 한가운데로 뜨악하게 잡혀와
가슴팍이 땅에 닿도록 버둥대는 쥐 한 마리,
취조실 욕조 같은 모서리가 깨어진 물 한 바가지
팔각모양의 성냥 한 무더기, 설욕의 인두(引頭)

그날
쥐의 눈에 뻘겋게 화인(火印)이 새겨지고 있었다
너덜한 귓불만큼 민망한 하루

먹이사슬처럼 얽히고 섥힌욕의 가시엉겅퀴
성냥개비 인두, 쏴 하게 불이 번지듯이
내게도 아버지의 피가 흐르더구나

원죄의 피가 흐르듯이

통쾌한 복수는 망각의 강에 불사르는 것
가장 깨끗한 살인

그러나 아비의 후손들, 기억세포가 노쇠하지도 않는
불쌍한 자들에선 빠 · 알 · 간 · 눈 · 물이 그렁그렁
흐른다
원죄의 유전은 끊이지 않고,
인두가 지져내는 연기는 푸르게 자욱하고.

아름다운 아리아

애처롭게 끔벅이는 수명이 다한 형광등
검붉게 불탄 생의 끝자락을 바라보는 일은 슬프다

뚝,
어두움

인생의 허허로운 날들은 그렇게 흘러가고
제 형상 가까스로 버텨가던 생애의 끝자락
지켜보는 일은 슬프다

하늘 호명(呼名)소리 들으시고
젖은 눈에 표표히 흐르던 무언의 유언,
그 유언 받아들고
새 길을 떠나시는 전송의 길에 나의 입에서 흐르던
잘 가시라는 그 노래는
내 인생 가장 아름다운 아리아였다

지금

어느 하늘 아래 풀어서 계신가
이 정겨운 푸른 별이 아스라하게 보이시는가

가을 창밖으로
말라 비틀어 틀어올려 진 그 마지막 혓바닥으로
이별을 말하는
애처로운 시월의 목련잎, 목련잎

박물관

박물관 안이
납골당처럼 고즈넉하다
여인들의 금제(金製) 장신구 앞에선
오래 멈춰선다

저 아름다운 금귀고리 찰랑거리던
가야의 여인이 보고 싶다
섬섬옥수(纖纖玉手) 금가락지를 끼고
수틀에서 바늘을 뽑아 올리는
때로 님을 생각 다가 손톱 밑을 살짝 찔러 솟아오르는
붉은 피 한 방울을 뜨겁게 핥아주고 싶다

뭇 별이 뜨고 지듯

나의 기억과 무관한 이들의 삶이 펼쳐지는
그 날이 온다면 그 · 렇 · 다 · 면,
한 천년 뒤의 그날에
박물관에 모셔진 금귀고리

금이파리들을 휩싸고 도는
가야여인의 푸른 향기 애절한 삶의 내음 훑어내고
오목 가슴 후끈하여 여울지며
달을 그리워하던 오늘처럼
내 얇은 귓불에서 달처럼 환하던 금귀고리 금귀고
리를
조가비처럼 손바닥에 올려놓고

누군가 한 번
후끈해져 불러본다면

보고 싶은
달의 여인(女人)아.

사랑한다는 것은

참 외로웠습니다
무엇이 나를 이토록
외로웁게 하는지
잠 못 들게 하는지
사랑하는 가족들 아름답게 잠들어있는 방을 나와
베란다로 걸어 나가 창밖의 검푸른 하늘을 우러르며
한참을 서있었습니다

세상의 것들 다 잠들고
우주와 나만이 존재하는 것 같은 밤

나를 이 땅에 보내신 당신이 그리워졌습니다
가만히 외쳐봅니다
내가 타국의 외로운 방언(方言)으로
이른 새벽 당신을 찾나이다

사랑한다는 것은
너를 필요로 한다 가 아니라

내가 필요한 너를 위해
기꺼이 내가 너에게 간다라는 것
무언가를 미치도록 사랑하고 싶던 내게
그 때 어렴풋이 다가왔습니다

어려운 길이지만 당신의 이들을 사랑할 때
당신이 외로운 내게 오실 것이라는 약속
조용하게 파문이 일 듯 넘실거려왔습니다

가서 사랑해야 할 세상이
아름답게 동터오고 있었습니다

견우

말이 없어도
많은 세월 느껴져
전생(前生),
견우직녀 같은 거 괜시리 한 번 생각해보네

애써 플루트 불어대는 엉너리 없이도
휘파람 하나로
'직녀(織女)에게' 를 노래하는

눈빛이 선해서
법 없이도 살 수 있을 것 같다 가도
분노할 땐 분노해서

법을 파괴하네
법을 사수하네

가을 햇살 같은 인광 하나로도
야수들의 뒷덜미를 후릴 수 있어

조국의 산하(山河) 그대로를 닮아있는

먹줄을 튕겨 만든 듯
도시 가로수처럼 일매진 인생 걸어 온 이들
부끄럽게 만들기도 하는

시린 바람 윙윙대는 冬至 ㅅ 밤에도
살풋하게 웃음 몰고 와
추운 줄 모르게 하는 견우(牽牛)

뮤즈의 저울

저울에 공기 한 줌 올려놓는다
내가 올라탄다
다른 한쪽에 너를 올려놓는다
내가 공기 한 줌만큼의 무게를 가질 때까지
너의 무게를 가질 때까지
한 줌의 공기가 나의 무게를 가질 때까지
별들의 무게를 가질 때까지
저울 한쪽에 교조적인 삶을 거부한 뮤즈가 올라탄다
모든 불꽃은 원하는 곳으로 휘어질 자유를 가진다
심장이 허락하는 놀랍도록 정확한 시계의 초침이
별들의 불꽃이 기상할 때를 알리고
나와 모든 네가 정확히 동등한 무게를 가질 때까지
뮤즈의 저울이 흔들리지 않을 때까지
나 스스로 완전한 자유를 가질 때까지
내가 나를 찾을 때까지

아름다운 뮤즈는 시(詩)를 뿌리네

사랑이 아름다울 때

시인 릴케는 자기가 사랑하는 장미
그 가시에 찔려 죽었다지요
사랑하기는 쉬워도 사랑이 남긴 자리를 아름답게
그리워하기는
쉽지 않습니다
사랑하지 않았더라면 상처도 없었을 테지만
그래도 사랑이 그립습니다
사랑할 때보다 사랑이 남긴 자리를 갈무리할 때 알
게 됩니다

당신과 나,
상사화의 붉노란 꽃과 잎처럼
서로 같이 마주할 수는 없지만
어차피 같은 대궁에서 숨 쉬고 있다는 것을
결국 철새 같은 우리 인생은
브이자로 편대 지어 계속 날리라는 것을.

향일암

갈색약병에 든 모기약 독한 것을
빨대 꽂아 입으로 후후 불어주시던
유년의 여름날
네 귀퉁이 걸어 만들어주신 어머니의 푸른 모기장
처럼

용궁에 내려갔다는 동화책 속 심청 에미의 치맛자
락 같기도 하고
휘휘 감기고 싶은 하늘여인 선녀(仙女)의 그 푸른
치맛자락,
어머니의 색을 간직한 쪽빛 아늑한 아스라한 수평선

인간사가 다 아름다워지고
유년시절처럼 스르르 잠들고 싶은
하늘과 바다가 맞닿아 있는

원효대사가 지었다는 향일암

쪽빛 평화를 들춰내고 들어오는 왜적선에
임진년의 승군들
아늑한 잠을 깨고
어머니의 쪽빛 아랫단을 지키기 위해 법고(法鼓)를
울리며
마음의 불을 지폈을 그곳,

겨울 향일암 위
때 이른 붉은 동백꽃 수줍은 봉오리
어머니의 젖가슴처럼 더듬었는데.

겨울 강(江)

얼음조각 떠내려가는 겨울 강(江)

데칼코마니처럼 강물에 비친 산과 마을
익명의 무리수로 가득한
얼음조각을 이고 흐르는 그 세계는
만삭을 보듬었던
은빛 출렁이는 어미의 배를 닮아있었네

아름다운 영혼 담아낼 맑은 강이고 싶네

겨울의 강(江) 건너
야성(野性)의 털가죽을 입은 채 잠든 설산(雪山)
당장에라도 일어나
여기저기 거미줄처럼 늘어진 전깃줄을 잡아 뜯으며
단절된 정수들로 채워진 시대를 분노하는
원시의 울음 토해낼 것 같은 겨울이 거기 있었네

세상 것들을 태반으로 감싸 안듯

쌓인 눈의 곡선처럼
한동안 그렇게 둥그러지고 싶네

III 느쩍한 하루

여자(女子)
느쩍한 하루
녹음방초승화시(綠陰芳草勝華時)*
저기 누군가가
섬, 문(門)
오래된 봉화(烽火)
겨울 숲에서
적(敵)
탈출기
부부
천새
거울과 창
그제서야
베란다에서
산
정가(鄭家)돈가스
금줄

여자(女子)

탈무드에는 하나님은 여자의 눈물방울을 세고 계신다고 하네
우리는 여자가 한(恨)을 품으면 오뉴월에 서리가 내린다고 하네
눈물이 많은,
가슴에 노을이 많은, 사람을 이제 여자라고 말하려네
세포마다 귀가 있고 눈이 있고 심장이 있어
다른 사람이 들을 수 없고 볼 수 없는 것을 볼 수 있는 여자
그래서 아무도 그녀를 속일 수 없네
그래서 때로 여자는 외로워지네
유난히 꽃을 좋아하는 여자의 옷장은 온통 꽃밭이네
영원히 죽어지지 않는 꽃을 입는 여자
아—, 그녀에게서 더러 꽃향기가 나는 이유를 알 것도 같네
가을엔 천년 전 가야의 여자,
죽어서도 땅에 누운 채로 가을 잎새로 주렁주렁
귀걸이를 달고 있는 그녀와 날이 어둡도록 젖은 담

소를 나누는 여자
차알랑-
차알랑-
가을 잎새에서는 그녀들의 투명한 눈물 소리가 나네
마른 잎새에서 더러 젖은 꽃향기가 나기도 하네
여자가 있어 지구는 마르지 않고
어둠 속에서도 화안하게 숨 쉬는 별이되네.

느찍한 하루

서로 제 몸 가르기도 뭉치기도 하여 한 세상 이뤄
내는
거품들
이내 다시 스러져
말가진 그리운 생애들!

문득
불거진 복사뼈 위의 어혈들을 삭혀주던
노오란 치자밀반죽처럼 느찍한 하루가 그리워집니다
그리운 이들과 살을 맞대고 비벼대고 싶은 하루입
니다
송홧가루 참기름에 개어서 헌데 짓무름을 얼러주
시던
쓰윽쓱 어루만져주시던 거친 손바닥도 약손이라
생각했던
그네들의 손맛이 그리운
생(生)의 멍울들을 삭혀줄 노오란 치자밀반죽의 느
찍함이

제 몸을 가르고 뭉치며 한 생애 마알가진 그네들이
그리운 하루입니다

창밖으로 앵두나무
앵두알은 열꽃처럼
그리움의 열병을 앓고 가는.

녹음방초승화시(綠陰芳草勝華時)*

소녀가 음부 위로 성(聖)스러워지며 여인이 되는
대지의 자궁 비후해지는 봄날
생생히 돋아나는 들녘을 조심스레 걸었네
녹음방초승화시,
애기똥풀 여린 줄기 유년의 똥꼬에서
여린 설사똥이 징하게 흘러나오고
싸릿가지는 손톱 위에 바늘을 꼽고
붉은 수액으로 영혼을 수혈하네
아카시 춘향(春香)에 취한 당신
욱신욱신 심장 죄어오던 날처럼
당신 몸에 코를 박고
박하향을 핥으며 달아오르던 날처럼
제비꽃
이팝꽃
애기똥풀 피어있는
쑥향 폭폭 퍼지는 춘향이 젖무덤 같은 둑길을 걸어
오는 동안
후끈 달아오른 내 영혼은

아지랑이 피워내며
자궁까지 촉촉하게 젖어있었네
피톨 돌아 잉태할 차비하고 있었네.

*춘향가

저기 누군가가

사랑하는 사람에게 가는 것은
빗소리
바람소리
물소리
꽃향기
풀내음
모두 함께 이끌고 가는 것이다

사랑하는 사람에게 다가 가는 것은
천지를 모두 끌고 가는 것이다
삶의 모든 여운을 이끌고 가는 것이다

저기 보아라

사방천지
그리하여, 천둥 번개 후려치는 뜨거운 하늘을

저기 누군가가

말 못할 그리움을 이끌고 가는
저 황량하고 뜨거운 길목을.

섬, 문(門)

외로운 줄 알았지
도도한 줄은 몰랐습니다

타다닥 청솔가지 타는 저녁 아궁지
짚불 벌겋게 사르는 냄새
토장 끓어오르는
나붓한 화롯불이 그리운
외로워서 도도한 섬
도도해서 외로워지고자 하는 섬

문(門)이 처음부터 존재하지 않듯
섬도 그러하였습니다

바다도 분노할 땐 밑바닥에서부터
치밀어 오르며 산을 솟게 했습니다
불을 뿜어내며 화산을 만들고 섬을 낳았습니다
대지로서 어울려 살아가는 것이 치욕일 때
가라앉아 섬이 되기도 했습니다

제 몸뚱어리에서 기꺼이 떨어져 나가
홀로 아파하는 섬이 되기도 했습니다

섬이 그러하듯
내 안의 혁명은
처음부터 존재하지 않았습니다
그리하여 혁명의 섬, 열정이 시들지 않는
저녁 섬 노을은 더욱 붉습니다

섬, 그 문(門)으로
들어가는 아름다운 사람을

나는 보았습니다

오래된 봉화(烽火)

민 낯으로 는성한 산책로를 따라 걷는다

고사목인 줄 알았던 노송의 몸뚱어리
푸른 애기 솔잎
성게처럼 기어오르고
그래, 살아야지 고목에 핀 꽃이
더 아름다운 법

이 꽃 저 꽃 난삽하게 윤무하는 꿀벌
산사꽃 무더기 진한 향내
사랑은 아닐 거야

어린 열매 팥알처럼 매달려 있는 저 팥배나무
팥의 기억을 가지고 있을까
닮은 것들은 서로를 그리워하는 법

제 텃밭인양 가꾸어 놓은
상추며 옥수숫대 머웃대

도라지꽃 환하다

산림내 경작금지(耕作禁地) 표지
산림내 불법으로 경작할 경우 자연재해대책법 및 산림법에 의거 처벌을 받게 됩니다.- 중랑구청 산림과-
금지된 것에 대한 뜨거운 열망

봉화산*을 오른다
선로(線路)처럼 꾸며진 산책로 따라
그리운 마음 뿌우-뿌우- 기적을 울리며
오래된 봉화를 피워 올린다

*봉화산-서울 중랑구에 소재

겨울 숲에서

겨울 숲에서 사자후(獅子吼) 들려오네
제 잎을 훌훌 날리고 매서운 추위와 견뎌야 하는
절명(絕命)을 네가 아느냐

영화 '라이언 일병 구하기'를 보며 네가 말했지
해변에 뒹구는 떨어져 나간 육골(肉骨)들이 얼마나
무시무시하냐고
서른이 넘어서 처음 들러본 5.18 국립묘지 지하(地
下), 사진 속에서 뒹구는 육골(肉骨)들을 보았어 이
또한 얼마나 무시무시한 것인가 국가와 민족?! 그
러다 죽어봐 그럼 끝장이야 널 위해 울어 준다고
그게 무슨 소용이 있어 난 나를 위해 살 거야!*
한 친구가 그러더군 팔십 년 대 분신(焚身)으로 응
급실로 실려 온 대학생 절명(切命)의 순간에 그가
남긴 말, 살고 싶다는 거야

기억에 선명한 겨울 아이를 말하려네
처음 교단에 섰을 때 전체기합을 준다고 아이들을

두 손 들라고 엄하게 호령했지
한손만 들고도 환하고 당당하게 웃고 있는 녀석
다가서서 녀석 팔을 덥석 잡았어
두툼한 교복 외투 속의 녀석은 이미 제 한쪽 팔을
잃어버린 아이였네

그 날, 나는 하루종일 떨어진 낙엽을 주웠어

앙상하게 남아서 봄을 기다리며 혹한의 추위 속에
환하게 서있는 그 아이들의 당당함이 아름다웠네
쟁명한 겨울 숲에서 또 하나의 나이테가 드리워지
는 듯하네
살을 에는 추위에서 오히려 삶의 희열을 느꼈어
그래서 우리는 기다릴 수 있지 않는가, 따듯한 봄을

그 겨울아이가 보고 싶어지네

* 양주의 '위아(爲我)'

적(敵)

나는 너에게 적이 되고
너는 나에게 적이 되고

쇼핑백 두어 개 조수석에 받쳐놓고
차를 돌려 나오던 젊은 내게
L백화점 주차장 옆 홍등을 밝힌 그녀의 욕지거리
향기나는 열매로도 이렇게 적이 되기도 하는구나

오렌지빛 3호선 라인으로 화사하게 들어선 나
겁먹은 눈빛으로 내 앞에 앉아있던
한쪽 팔이 없던
기울어진 다른 한쪽 팔로
제 몸뚱이만 한 지퍼백을 들고 무언가를 팔아야 했
던 그 소년
한쪽 팔이 거북하게 움츠러드는 나는 그의 적이었
던가

들의 백합화도 입히시고

공중의 새도 먹이시는* 우리들의 신(神)과
적을 산처럼 쌓아놓고 돌아서 우는 신열 앓는 내 살들 사이에

설 자리를 방황하는 나는
한바탕 원시의 춤을 추어본다

살아야 한다면

나로 인해 네가 살고
너로 인해 내가 살아야 하는 것인데.

*성경 마태복음

탈출기

계단을 타박타박 옮기다
무심코 고개 들어 본 창가
함박 웃는 목련의 헤살

내가 목련되어 창밖으로 모가지를 내민다
저기 공룡 모가지처럼 높아가는
아파트 공사장 탑 위의 타워크레인
빙그르 돌며 나를 겨누는 숨 막히는 오늘

나는 수배자였다

늘어선 건물들 사각의 모서리가 시리고
교회 뾰족탑마저
송곳처럼 나의 폐부 깊숙히 박혀온다
부유하는 도시의 파편들이
각막을 찢어대는 오늘
세상을 바로 볼 수가 없어

어두운 공기가 볼록렌즈처럼 무거워져
회색빛 가시광선으로
영혼을 지져대는 오늘
내 영혼에서 피어오르는 검은 연기

저 도시의 휘장을 주욱 찢어내고
푸르름이 가슴살같이 출렁이는
동해로 가야한다

동해의 황금 모래로
자상(刺傷)으로 더럽혀진 몸뚱어리의 상흔을 박피하고
말랑한 새살을 돋우어야 한다

부부

방 한컨 이십 호 유화 속의 소나무 한 쌍

뻗은 가지에서 나오는 빛 너무나도 붉어
심장마저 더웁게 복사되는 기억 저편,

이천 원 어치의 꼬막을 까먹으며
조개껍질 패총같이 신문지 위에 쌓아놓고
배시시 웃으며 바라보는
스물셋 동갑내기 그 부부

아이가 들어선 것도 모르고 먹은 감기약 탓에
첫아이 걱정되어 파리해져 가는
지울 테면 지우라는 무심한 의사 한 마디에
부둥켜안고 울었다네

이내 컴컴한 새벽길
내리 일곱 달 천둥번개 소낙비 오는 날
우산은 미친년 치마폭마냥 훌훌 날려가도

깍지 낀 손가락 놓지 않고 기도하러 가는
기도는 나오지 않고 눈물만 줄줄 흘리며
부둥켜안고 우는 젊은 그 부부

그래도 신(神)이 제일 귀 기울였다네

둥근 배 사랑으로 깊어
아파도 약 한 봉 먹지 않고
신랑도 늘 신부와 같이 앓는 그 어린 부부(夫婦)
신(神)도 눈물 겨워 하늘 탯줄 띄워
옥동자를 내려주었네

검은 너울과 싸우는 때론 가련한 소나무 한 쌍
팔레트 들고 생(生)의 검은 너울을 지워주려고 서성이지만
그 부부, 늘 넉넉한 웃음으로 고개 젓고 있네

천새

경기도 가평 상천 마을의 천새
처자식 없이 쉰을 훌쩍 넘긴

남루한
바보같은

교통사고로 얻은 뻐정다리
삐쩍마른 몸
다 빠진 이로 다섯 살짜리 얼굴을 만들고 헤헤 웃고 다니네
동리 꼬맹이들에게 땟꾸정 묻은 사탕 하나씩을 쥐여주며
옹알이하듯 말을 걸어보네

횡단보도 위를 공작새 날개 펴듯
두 손 높이 쳐들고 뻐정다리로 걷는 천새
신기한 듯 바라보는 경춘국도 위의 이방 관객
나 가끔은 살고 싶어지네

천새가
천사처럼 보이는
동리의 벅수처럼 서있는
취발이처럼 신명나게
산과 들과 사람이 어우러지는
사람 사는 냄새가 나는 그곳.

거울과 창

세상만 온종일 바라본다는 건

수조 안의 한 마리 열대어처럼
눈을 유리에 박고
하루종일 밖만 바라보다
인간이 될 수 없는 처연한 운명을 견디지 못하거나
이해되지 않는 세상에 미쳐버려
수조 밖을 노려보다 머리를 박고 자멸하는 운명을
의미하는 것인지도
눈꺼풀도 없는 피곤한 인생

온종일 자신만 바라본다는 건

사방이 거울로 둘러싸인 탈의실에
우두머니 앉아 있는 것 같아서
자신만 뚫어져라 보다가
나르시소스처럼 연못에 제 몸을 던지거나
고흐처럼 한쪽 귀 자르고 자화상이라도 그려야 하

는 운명을 의미하는 것인지도

빛이 환해 올수록
내 모습에 지친 거울은 창이 되어
넓은 세상 비춰주고

어둠이 깊어 올수록
세상에 지친 창은 거울이 되어
내 모습 보여주며
안식을 허락하는 것인지도.

그제서야

사랑은 표현하는 것이 아니라
담아두는 것이라 하십니까

가파른 절벽을 기어서 기어이 꽃을 바쳤다는
그런 사랑이 때론 그리운데

돌샘에서 흐르는 물
흘러나려
개천을 이루고
강을 이루고
바다를 이루는데

종자기*없는
거문고의 현
가락은 허허로우니

월하노인(月下老人)맺어준
젖가슴처럼 소담한 저 봉분들

적멸을 이룬 바다

사랑은 담아두는 것이라고
그제서야, 말하는
저 은밀하고 나직한 바다의 음성

아직 바다는 머얼고.

*백아절현(伯牙絶絃)에서의 종자기-종자기가 죽자 백아는 거문고의 현을 잘라버린 뒤 다시는 거문고를 타지 않았다.

베란다에서

언제부터인지 나는 베란다에 누워 밤하늘을 보는 버릇이 생겼다 어릴 적 외갓집 너른 마당에 평상을 펴 놓고 할머니의 무릎에 머리를 베고 누워 이모들의 이야기를 들으며 바라보던 하늘은 까만 밤하늘보다는 기가 막히도록 시퍼런 수많은 별이 쏟아질 듯 무서워 할머니의 품속으로 기어들곤 했지만 그 사각의 공간이 참으로 따듯했었다
이제 이 황량한 도시는 마땅히 평상을 깔아놓고 누울 곳을 허락하지 않고 베란다라는 사각의 공간에 누워 이런저런 상상을 하며 밤이 깊도록 밤하늘의 구름이 흘러가는 것을 본다 수십 미터의 높은 벼랑에 누워있으면서 우주를 유영하는 듯 착각도 하다가 깊은 산중 황토 속에 누워계실 아버지도 이런 하늘을 보시려나 생각도 하다가 문득 베란다 난간의 위력이 놀라 내려다보면 아찔한 이곳에서, 나는 난간을 의지한 채 겁도 없이 벼랑 위에서 한가하게 별밤을 보는 여유를 갖고 있다니 세상에 의지할 난간 하나 갖지 못하고 벼랑에서 추락하는 슬픈 나그

네들을 잠시 생각하며 멀리 성스럽게 보이는 십자가를 물끄러미 바라보다가 내가 고층 아파트의 베란다 난간으로 다가설 것 같은 인연들을 하나, 둘 세다가 나도 모르게 잠이 든다

산

잔설(殘雪) 남아있는 이른 봄
남이 오르지 않은 깊은 산으로 오르신다
젖은 낙엽에 한기(寒氣)마저 느껴도 발이 축축히 젖어도 기어코 고로쇠 물 받으러 산에 오르신다
물통 가득 고로쇠 물을 받아가지고 산비탈을 구르시기도 하는 아버지,
고로쇠 물 받아마시면 팔다리 다 떼어주고 데굴데굴 산을 구르는 팥죽장수 에미가 생각난다
사계절 방수가 된다는 고어텍스 등산화를 사드렸더니 따듯한 거실에다 들여놓고 들여다 만 보신다
들큰한 봄내가 만발할 때도 오르신다 두릅을 한 바구니 따놓고 기다리신다 자식이 씹는 두릅 연한 잎사귀는 아버지의 생살이다

여름이면 개울에서 고동도 잡아오신다

가을산을 오르시는 아버지밤송이 벗겨가며 주워모아 밤밥도 해놓고 떡도 해놓고 기다리신다 은행

그 똥내나는 껍질을 다 벗겨놓고 기다리고 계신다

당신 머리터럭 같은 하얀 눈이 산을 덮는 날엔 또
오르신다 토끼라도 잡아볼 양으로 산에 오르신다
토끼를 잡지 못하는 날이면 새라도 잡아서 나뭇가
지에 조르르 역어놓고 기다리신다

곳간에는 당신은 아까워 잡수시지도 못하는 것들
포대 포대 빼곡히 들어있는 당신의 오장육보

철따라 다 내어주신다

아버지가 오르시는 그 깊은 산,

그리운 산.

정가(鄭家)돈가스

어려서 늘 팔베개 해주시던 어머니
팔을 베고 잠들어야 하는데
먼저 잠이 드는 건 늘 고단한 어머니였네
팔이 저리실까 늘 고개를 뻣뻣하게 들던
어린 내가 더 힘이 들어 보이네
늘 어머니 팔베개에 잠든 듯 연극을 하고
잠이 먼저 드는 건 늘 어머니였네
때늦은 소꿉놀이를 하네
아들을 위해 늘 용감해지시는
정가(鄭家)어머니, 일본에는 가본 적도 없지만
일본식 돈가스집 차리셨네
일곱 평 가게
나 이곳을 잊지 못하겠네
어머니와 그 아들 내외가 때 늦은 소꿉놀이를 하며
울고 웃는 정가(情家),
그 환한 무대가 아름다워
표를 파네 아파트를 돌며 스티커를 붙이네
정가돈가스

올해는 왜 이리 비가 많이 내리나
밖에 들리는 비잇-소리,
차암 잘 생긴 동생은 배달을 해야 하는데.

금줄

– 공습 사이렌이 울리고 교실 책상 밑에 들어가 공명하는 시간 속에 갇혀있던 찰나처럼, 한계령을 넘어가다 투명한 단풍 숲에 갇혀 인간의 말은 들리지 않고 나무가 건네는 말에 흐마하던*그 찰나처럼, 내 방(房)에 덩그마니 드러누운 오늘, 글쎄 혼자가 아닌 것이었구나! 저기 저 방 한켠에서 나를 오래도록 바라보고 있던, 참숯 한 덩이 –

어머니는 늘 나를 바라보고 있는 내 방(房)의 참숯 한덩이였구나
자신을 매어 금(禁)줄을 쳐놓으셨구나

어머니와나, 어머니의어머니와나, 어머니의어머니의어머니와나,
어머니의어머니의어머니의어머니의어머니와나,어머니의어머니의어머니의어머니의어머니의어머니와나를 잇던 그 줄을 오랫동안 기억하지 못했네

아서라, 아서……하는 그 소리
내 얄팍한 귀로는 알아채지 못했네

현란한 색도 마다하고
이생의 궂은 에 탈대로 다 타버린 육신
까만 숯 한 덩이로 악귀를 몸으로 막아내며
한 켠에서 저렇게 싸우고 계셨구나

이제 나도 저 금(禁)줄에 매어달린 참숯의 대열에
끼어
험한 세상 막아주며 노래를 해야겠네
어여쁜 우리의 아가들을 위해
어머니가 옛 잠자리에서 들려주시던
애끓는 아가(雅歌)*를 불러주어야 겠네

자장 자장 우리 아가

자장 자장 잘-도 잔다

*흐마하다-어머니는 흐뭇하다는 말을 늘 "흐마하다"고 하셨다

*아가-사랑노래

IV 작은 새는 어디로 갔을까

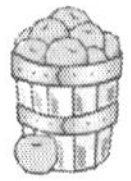

포르투나

금강산

고향

유리병

선암사에서

신독

학살

천부인권

시조

작은 새는 어디로 갔을까

유배

산자를 위한 레퀴엠이 울리는 그 곳

나의 꿈에 부활한 네가

천륜

각뿌연

가을, 국도

포르투나

– 마키아벨리의 열정에게 악수를 청하며 –

순천의 아이들을 데리고
인솔교사로 청와대를 거닐었다
신목(神木)처럼 노송(老松)
그곳을 지키고 있었는데

국가
글쎄, 국가

마르크스는 존재가 의식을 결정하는 것이라고 했던가
청와대를 사뿐히 거니는 것만으로도
마음은 뜨거웁고 무거워지기도 하는 것인데

그래, 포르투나*를 기다린다

마키아벨리

당신의 술잔 속에
스며든 고독
눈물 속에
용해된 비-르-투

당신의 무릎에서
불타오르는 사랑
이탈리아

나는
이렇게 조용히

당신과 나의 세월 속에
오백 년의
침묵이 흐르고

그런데
당신 정말 사심(私心)은 없었던 거요

나는 포르투나를 기다린다

아름다운 모국(母國)을

*로마신화에 나오는 운명의 여신, 행운을 상징하는 뿔을 갖고 있다

금강산

소동파, 원생고려국 일견금강산(願生高麗國 一見金剛山)더니

팔월(八月)의 금강산

봉래봉래(蓬萊蓬萊)*, 장엄 앞에서 말문은 막히고
눈물만이 흐르네

신도 이렇게 예술을 하였구나
아름다운 이 땅에 예술을 하였구나
미인송, 조국은 소나무가 이토록 아름다운 왕국이었구나
한반도를 버티는 저 우람한 근육을 자랑하는 서어나무, 그 어떤 사내보다 늠름하네
옥류담의 저 물빛을 봐, 봉래봉래
맑은 울음이 터져 나오네

꿈이런듯

신계런듯

신도
산도
나도
고라니도 다람쥐도
그저 배냇적 맑은 울음과 맑은 웃음으로 어우러지는 원시의 태

노천탕에서
생에 처음으로 하늘 향해 가릴 것 없이 환한 알몸이 되어보는데
온정리의 달빛 두 유방에 따스하게 스미는데
따순 온천물이 찰지게 알몸을 감아 도는데
그 때 스치고 지나가는 생각

그저 이념도 세월의 더께에 부수어지고
인민해방군복 누른빛이 황토처럼 구수한 흙냄새가

난다고 느껴지기도 하는데
흙빛을 닮은 논밭의 인민들이 소박한 질그릇처럼
푸근해 보이기도 하는데

잠시 금강산은 그냥 그대로
저 인민은 저 인민대로 놔두는 것이
서로를 위한 것일지 몰라
금강산의 큰 바위 마다에 새겨진
붉은 교시가 자연스럽게 퇴색될 때까지

*봉래산-중국 신선사상에서 말하는 삼신산(三神山)의 하나
여름 금강산을 지칭하는 말

고 향

귀성길이 고생이라는 얼굴들
하지만 내 망막에 포착된 다빈치의 안면근육들이
만들어 내고 있는 저 즐거운 비명

뿌우연 우유가 되던 길모퉁이 연탄재
벽돌가루 빻아 빠알갛게 무친
보도블록 사이로 돋아난 이름 모를 풀
병뚜껑을 두드려 만든 접시
소반 차려 신랑 각시하던 뜨내기 친

유리구두 신은 신데렐라처럼
보도블록을 타다닥 두드리며
춤추듯 개나리 노오란 봄빛
한 움큼 꺾어서 흔들고 돌아오던 길목

콘크리트 마당 망가진다고
전기톱으로 베어진 나의 거대한 미루나무
그 아래 곱게 묻어 십자가도 만들어 주고

묵념도 했던 교문 앞에서 종이봉지에 사온 예쁜 병아리와의 기억

바람 불면 양탄자를 탄 것처럼 휙 날아가기도 했던 약골(弱骨)의 나

점멸하는 유년의 기억

고향이 어디냐고 누군가 물으면
아, 낙엽 밟히는 소리

한강 둔치에서 바라본 태양계 별무리 같은 야경쯤

그래도 밤엔 낮게 드리워진 수은등만큼
푸르고 빠알갛고 노란 별을 가졌던 유년(幼年)은
아름답기도 했는데, 점멸하는 기억처럼.

유리병

몸통을 감고 있는 깁스
완쾌되기까지는 세월이 필요하다는 지극히 간단한
진단이었다
경골이나 비골 대퇴골이나 늑골 흉골 따위의 골절
보다
심(心) 부위의 깁스는 시간이 더 필요할 뿐
엑스레이를 찍다가 잠이 들었다

예쁜 유리병 하나
홀로그램처럼 빛을 받으면 아름다운 빛을 띠는
예쁜 유리병 하나 갖고 있는 내가 보이고
다친다 애비-애타게 손사래 치시는 어머니

어느 날 유리병은 깨어졌고

유리병이 눈물을 흘리는 것을 보고 말았다
깨어진 유리병을 계속 밟으며 나도 울었다
발에서 붉은 피가 흐르는데도 계속 밟았다

깨어진 병 조각이 나의 혈관을 타고 심장으로 가서
심장을 마구 도려내고 있었다
심장이 화덕처럼 뜨거웠다
위장은 수챗구멍처럼 악취를 뿜어냈다

다시 꿈에 본 나의 옛집
예쁜 유리병 하나를 들고 좋아라 웃는 소녀 얼굴의
어머니

병 속에는 알전구 필라멘트처럼 빠알간 불씨가 들
어있었다

누군가 나를 깨웠다
–아직 아물지 않았으니 정기적으로 엑스레이를 찍
으러 오셔야 합니다

–누굴까.

선암사에서

조계산에 올랐네
마른 댓잎 바람 따라
솨아솨아 수런거리고
해우소가 그만이라는
선암사에선 파루가 울리었네
산을 은은히 공명하는 그 소리에
산문을 홀린 듯 따라 들었어

후리후리하게 큰 키에 맑고 검은 눈
장삼에 붉은 가사, 귀골(貴骨)의 홍안인 스님
몰래 몰래 훔쳐보며
울리는 이것 무엇인지 여쭈었지
합장하시며 과거, 현재, 미래라고만 하시는데

더 이상 되묻지 않았어
그저 오랜 세월의 강이 보이는 것만 같았네

유년시절 변두리 성당의 살결 희고 눈이 맑아 예쁜

수녀처럼
투명하게 아름다운 것이 도리어 슬픔의 무게를 더
하기도 하네

산행길 대나무 마디마디의 고통을
가는 이 오는 이 서너 사람쯤
걸터앉아 땀도 닦고 맘 놓고 쉬어 댈 만큼
넉넉한 남도에서의 후박나무를 생각했어

마음 한자락 쌓인 눈처럼 맑고 서늘하였네

저녁 예불소리 뒤로하고
저벅저벅 눈을 밟으며 하산하는 길
뒤를 돌아보니 홍안의 스님
환하게 달을 빌어 배웅을 하더라니

모든 것이 그저 만행이네

신독

홀로 있을 때에
삼가라는 신독

수양이 부족한
내가

아무도 없는 곳에서도
신독할 수 있는 것은

어느 날 문득
내가 그리워 찾아 올
네 영혼이
흐트러진 내 모습에
허무만 안고 돌아갈까 봐

학살

바다가 그리워 제부도에 갔다 희뿌연 바다가 한 몸을 이루고 날개를 푸드덕거리며 붕새 한 마리 비상의 몸짓을 하고 있다 멀리서 여인들 삼삼오오 고개를 갯벌에 밀어 넣고 바다를 캐고 있다 길 둑의 무표정한 아저씨에게 호미를 냉큼 사들고 바지를 둘둘 걷어붙이고 갯벌로 따라 들어간다 게들의 피난은 시작되고, 갯돌을 들추며 생존의 늪으로 빨려들어가는 게를 잡아올린다 욕망의 포대 가득 그들을 잡아 트렁크에 넣는다 어둑한 무렵, 아무 일도 없었던 듯 바닷물은 벌을 감추고 트렁크에서 사투를 시작한 약자의 주검, 악취와 거품으로 뒤범벅이 되어 있다 그제서야, 욕망의 바다에서 베어버린 손가락의 상처가 아려온다

천부인권

– 아들에게 –

델타파* 아득한 깊은 단잠에 취한 날
한 줄기의 섬광으로 다가온 아가야
내 안의 따듯한 우주를 빙그르 유영하며
날 부르던 너의 영혼 느끼던
그 처음 순간을 잊을 수 없어
또 하나의 우주가 대폭발을 시작하고
너를 뿜어낸 대탄생의 황톳빛 붉은 강이 흐르고
두 다리 사이의 천문(天門)이 열리고 찢기고
종교의 종교가 생겨나는 순간
고통도 소리 낼 수 없는 환희로 바뀌는
그 찰나에 소름 돋으며 다가 온 천부인권!

넌 그 어느 누구에 의해서도 소유 당할 수 없음을

살아가는 동안 비굴의 언어 앞에서 당당하여야 함
을.

*델타파-깊은 수면중의 뇌파 상태

시조

서산 지나
철새가 그만이라는
간월도 지나
숭어낚시 하러 가는 길

소나무 높은 곳에 앉아서
고대도 움직이지 않고
먼데 바라보는 백로
무엇을,
무엇을 바라보는 것일까

도려진 숭어의 내장 따위를
낚아채려고 서로 싸우던 갈매기
울음소리도 미운 놈

숭어 입질하던 바다에
빗방울 떨어지고
배가 출렁일 때

열 맞춰 줄 맞춰 갑판 위에 모여들더니
한 곳을 바라본다
어디를 바라보는 걸까
오는 비를 피할 줄도 모르고
오는 비를 온몸으로 맞고 서있다
어디를 저렇게
결연하게 바라보는 것일까
세찬 비를 온몸으로 맞으며

내가 짐짓 비 오는 날 어데 먼 산을 우두커니 바라
볼 때나
바다의 수평선을 바라볼 때

나를 시인(詩人)인가 보다 할 저 새들,
같은 류(類)의 저 영혼들.

작은 새는 어디로 갔을까

하루종일, 비가 내린다

어제

어제처럼

어여쁘게 울어주던

나의 작은 새는 어디로 갔을까

어디서

젖은 날갯죽지를 접고

새까만 두 눈으로

비 오는 저 산을 바라보고 있을까?

저녁이 되도록 불도 켜지 않고

까만 두 눈을 뜨고

작은 새를 생각하며

웅크린 채 한참이나 건너-산을 내다보는데

장맛비에 흥건하게 젖은 나의 날갯죽지

깊은 곳에서

따듯한 영혼이

새 모양을 하고 날아오른다.

유배

이 땅에서 유배(流配)된 사람아

거세당한 카스트라토*의 슬픔이 신(神)을 위해서라면

이봐, 당신은 어디로 머리를 두는가

당신의 유배는 누구를 위해서인가

진정 허락하기는 했는가 말야.

*카스트라토-소년시절의 음성을 어른이 되어서도 유지하기 위하여 거세한 남성가수

산자를 위한 레퀴엠이 울리는 그 곳

희디 흰 터번을 머리에 쓰고
붉은 훙배 가슴에 두르고
당신의 사람들이 오늘도 반전(反戰)촛불을 켜든 채
광화문 거리로 나섭니다
여러 날,
피 흘리는 바그다드, 눈물 흘리는 티그리스
죽은 자가 들려주는
산자를 위한 레퀴엠*이 울리는 그곳에서는
연합군도
결사항전을 다짐하는 이라크의 병사도
폐허가 된 남부 바스라시의
포탄에 피 흘리는 여인과 어린아이도
지게꾼처럼, 저보다 큰 십자가를 지고 가는
당신의 사람일뿐 입니다
당신의 아들, 딸이
인간방패로 가시면류관을 쓰고 피를 흘리는
산자를 위한 레퀴엠이 울리는 그 광야에서
다시 한 번 들려주시옵소서, 광풍(狂風)의 모래 바

람으로
한 생명이 천하보다 귀하다고,
거짓된 언명을 위해 충격과 공포의 검은 피로 쌓아
지고 있는
바벨탑*은 곧 무너지리라고
오늘도 촛불을 켜든 채
한반도의 사람들은 광화문으로 나섭니다

*레퀴엠-죽은 이를 위한 미사곡

*바벨탑-인류역사의 초기, 즉 대홍수가 휩쓸고 지나간 후 노아의 후손들은 다시 시날(바빌로니아) 땅에서 도시를 건설하고 꼭대기가 '하늘에 닿게' 탑을 세우기로 하였다. 성경에 기록된 그들의 탑 건축 목적은 세계에서 가장 큰 규모의 탑을 쌓아올려 자기들의 이름을 떨치기 위함이었다.

나의 꿈에 부활한 네가

고(故) 김선일씨 영전에 바칩니다

엘리
엘리
라마사박다니*
아버지여
아버지여
우리 시대의 골고다 언덕*
이라크 팔루자 사막
한반도의 흙으로 빚어진
서른 세 살 아름다운 당신의 아들을
어찌하여 어찌하여 버리셨나이까

아들아!
한밤중에
나의 꿈에 부활한 네가
여자여 여자여
이 땅의 마리아를 부르는 것을 보았다

홍포 입은 채 온몸으로 절규하는 네 외침에
밤새 가슴을 쓸어내렸다

I want to live
I want to go to Korea
Please, dont send to Iraq Korean soldiers
Please, this is your mistake
This is your mistake*

네 비명소리는
이 땅의 거짓 성소
그 휘장을 찢을 것이라

이제 우리는
우리들의 아름다운 민주주의의 성소(聖所)로 향하리
용서하라 아들아!
비굴한 떡으로만 살려고 몸부림쳐 온
우리 모두의 실수를

한 알의 밀알*로 땅에 떨어진
네 죽음 앞에 이 땅의 마리아들은
너의 차가운 몸을 씻기울 뜨거운 눈물을 흘리우리라

*엘리엘리라마사박다니-아랍어의 헬라어 음역 "나의 하나님, 나의 하나님 어찌하여 나를 버리시나이까"
*골고다언덕-"해골의 곳"이라는 뜻의 히브리어
*김선일씨의 마지막 육성
*밀알-요한복음"내가 진실로 진실로 너희에게 이르노니 한 알의 밀알이 땅에 떨어져 죽지 아니하면 한 알 그대로이고 죽으면 많은 열매를 맺느니라"

천륜

'푸 · 드 · 덕, 타-악'

저기 솟구쳐 날아오르는 새를 보거라

새가
아니다

모천회귀 이십 여년 천리 길
윤달 빌어 아버지를 찾았습니다
떠나신 그날
놀이터 회전판에서 떨어져 나간 듯
멀미가 났었던가
세상은 여전히 돌아가고

한(恨)으로 그리움으로
육탈도 못하시고 기다려 오셨던가
머리위로 날아오르는 검은 수리

칠성판 위에 모셔진 당신
아이처럼 쓰다듬으며 불러봅니다

그리운 이름,
아
버
지

사방 훤히 내려다보이는 선산
훈풍 따라 진달래 동무에게로
이제야 가볍게 돌아가신 아버지

아이 낳고서 반쪽 어른이 되더니
오늘에서야 유년에 멈추었던 수레바퀴 위에 올라
멀미를 다스리네

인생의 수레바퀴,

오늘
꽃은 꽃이 아니고
나무는 나무가 아니고
바람은 바람이 아니다

새는 새가 아닌 것처럼.

각뿌연

여덟 살 난 아이의 공책을 무심코 넘기다 눈에 띄는 낯선 이ㅡㅁ
– 내 친구 각뿌연,
피식, 웃음이 나와 비상연락망을 뒤져봤더니
아, 각뿌연은 곽부현
세상을 소리 나는 대로 쓰는 아이야
네 친구는 영원히 각뿌연이다

수업시간에 소리 나는 대로 써나가던 열다섯 살의 눈망울을 향해
'지하에서 세종대황이 우시겠다' 하던 나

이미 소리 나는 대로 세상을 쓰기엔
기만과 가식의 세상에
삶의 방식이 정형화되어버린 나에 대한 구차한 변명이었을까

실컷, 두들겨 맞던 아이를
반장으로 뽑아대는 열다섯 살 민주주의의 아이야

가을, 국도

애(愛)
애루(愛漏)가
시월의 낙엽 되어
세상을 흔든다

이처럼 가을이 아름다울 수 있는 이유는
그리움인 것을

가을날에는
춘천을 지나 홍천을 지나
백담사 계곡을 지나
미시령 지나
국도를 달려보아야 한다

백미러에 상연되는
가극의 중세여인들처럼 뒷걸음치는
경춘 국도 아스팔트 뒹구는 낙엽

비라도 오면
태초의 안개에 휘둘린 북한강의 산들
사천왕상(四天王像) 되어
네가 무엇이냐
네가
네가
호령 소리

한그루 나무도
한꺼번에 쏟아내는 그리운 연서
차창에 들러붙은 젖은 낙엽을
하나씩 떼어내며 가슴은 뜨거워지기도 하는데

불타오르는 저녁 놀
나를 태워
삶과 죽음을 다 버리고

가을은 그렇게
국도에서 만나보기도 해야 한다.